Abbé E. MANGENOT

Antoine-Dominique BOURY

VICAIRE DE BRABANT-LE-ROI

UN DÉPORTÉ D'ORIGINE MEURTHOISE

NANCY
CRÉPIN-LEBLOND, IMPRIMEUR-ÉDITEUR
21, Rue Saint-Dizier (Passage du Casino)

1913

Antoine-Dominique BOURY

VICAIRE DE BRABANT-LE-ROI

UN DÉPORTÉ D'ORIGINE MEURTHOISE

Parmi les nombreux ecclésiastiques et religieux que le département de la Meuse condamna à la déportation en 1794 et envoya à Rochefort, se trouve un prêtre d'origine meurthoise, l'abbé Antoine-Dominique Boury, vicaire à Brabant-le-Roi (aujourd'hui Brabant-en-Argonne, dans le département de la Meuse). Il avait sa place marquée dans mon ouvrage : *Les Ecclésiastiques de la Meurthe martyrs et confesseurs de la foi pendant la Révolution française*, publié en 1895, et j'aurais dû insérer sa notice au chapitre Ier du livre Ve, au milieu de celles qui sont consacrées aux déportés meurthois, sortis des prisons de Bar-le-Duc. Mais l'orthographe fautive du lieu de sa naissance dans la liste générale des déportés de 1794, dressée par l'abbé Isidore Manseau, doyen de Saint-Martin de l'île de Ré, *Les prêtres et les religieux déportés*, t. II, p. 344-345 : Laix au lieu de Lay, m'a trompé et m'a fait prendre l'abbé Boury pour un déporté de la Moselle qui ne rentrait pas dans mon cadre. Dès 1897, M. l'abbé Chénot, curé de Lay-Saint-Remy, me signala cette erreur et me communiqua la copie de différentes pièces concernant l'abbé Boury, qui sont pieusement conservées dans la famille de ce prêtre avec son souvenir resté très vivace. J'avais noté aux archives de Meurthe-et-Moselle d'autres pièces, dont j'ai pris récemment connaissance. Tous ces documents, joints à des renseignements, puisés aux Archives de la Meuse ou tirés de diverses sources, m'ont mis à même de combler une lacune de mon livre et de rédiger une notice, suffisamment détaillée, sur ce Confesseur de la foi. L'information entreprise par Mgr Eyssautier, évêque de La Rochelle, pour l'introduction en Cour de Rome de la cause des prêtres morts en déportation pendant la Révolution française, m'a fourni une belle occasion de réparer mon oubli involontaire.

Antoine-Dominique Boury, fils de Dominique Boury et de Marguerite Gérard, est né à Laye, comme on écrivait autrefois, aujourd'hui Lay-Saint-Remy, le 10 avril 1757, et a été baptisé le lendemain (1). Le curé Bogard (2), qui a baptisé l'enfant, signe « curé de Saint-Vaast et de Laye ». La paroisse Saint-Vaast de Toul était unie, depuis le XIe siècle, à celle de Laye. Quand elle fut supprimée, le titulaire résida à Laye (3). Le jeune Boury entra de bonne heure dans l'état ecclésiastique. A la fin de l'année 1772, étant âgé d'un peu plus de quinze ans, il était déjà clerc du diocèse de Toul, auquel il appartenait par sa naissance, et il fut nanti d'un bénéfice ecclésiastique simple, sans charge d'âmes, sur lequel nous sommes en mesure de fournir d'intéressants détails, grâce à des documents particuliers et à diverses pièces d'archives.

Ce bénéfice était une chapelle de famille sous le titre et l'invocation de Notre-Dame de Pitié, instituée dans l'église paroissiale de Voinémont. Il avait été fondé par Claude, Joseph et Jean « les » Marchal et par Arnould Thuillier, qui

(1) Extrait des registres paroissiaux de Lay-Saint-Remy, communiqué par feu l'abbé Chénot, curé de la paroisse.

(2) Il est mort dans sa paroisse, le 3 juin 1771.

(3) H. Lepage, *Le département de la Meurthe*, Nancy, 1843, 2e partie, p. 287; *Les communes de la Meurthe*, Nancy, 1853, t. I, p. 571 ; t. II, p. 586.

y avaient nommé l'abbé Jean-Dominique Brazy (1), curé de Craon (maintenant Croismare). D'après la déclaration, fournie par la municipalité de Voinémont, le 30 août 1790, des biens ecclésiastiques et nationaux sis sur ses bans (2), les revenus de cette chapelle étaient ceux d'un gagnage contenant vingt-quatre jours de terre pour les trois saisons et dix-neuf toises, une fauchée de prés et une hommée. Nous verrons plus loin à quelle somme ils s'élevaient au moment de la Révolution. Les charges du titulaire étaient de faire dire douze messes chaque année, de payer au roi de France le don gratuit et de verser à la fabrique de Voinémont la somme de deux livres huit sous de France pour les frais du culte. L'abbé Brazy, le premier titulaire, ayant donné sa démission le 1er décembre 1770, un des collateurs, Jean Marchal, manœuvre à Ceintrey, nomma à sa place le sieur Charles-Alexandre Parent, vicaire de Coin-sur-Seille, au diocèse de Metz, et deux jours après, un autre collateur, François Marchal, tanneur à Epinal, agréa et confirma la nomination de l'abbé Parent, son cousin. Il suppliait Mgr l'Evêque-Comte de Toul, de l'avoir pour agréable et d'octroyer à Parent des lettres de provision. Celles-ci furent sans doute accordées par le collateur ecclésiastique. Mais la prise de possession du temporel de la chapelle souffrit des difficultés. Le 21 février 1771, un clerc du diocèse de Toul, demeurant à Nancy, Jean-Baptiste Raffelin, nommé vraisemblablement par d'autres collateurs laïques du bénéfice, faisait dresser un procès-verbal de prise de possession du temporel. Il fallut un arrêt de la Cour souveraine de Lorraine et Barrois en date du 15 mars de la même année, pour permettre à l'abbé Parent de prendre possession du temporel de la chapelle de Notre-Dame de Pitié. Le 10 mars de l'année suivante, 1772, celui-ci, alors vicaire

(1) Originaire de Rambervillers, prêtre de 1712, chanoine en Alsace, Brazy était devenu curé de Craon en 1718 ; il donna sa démission au mois d'août 1766 et mourut, le 4 août 1772, à l'âge de 85 ans.

(2) Archives de Meurthe-et-Moselle, L, 2736.

résident de Pournoy-la-Chétive, annexe de Cuvry, au diocèse de Metz, déclarait « par devant les conseillers du Roy et notaires royaux et apostoliques ez ville, bailliage et diocèse de Metz..., se démettre entre les mains de Mgr l'Evêque de Toul, collateur ecclésiastique, et les mains des patrons ordinaires » de son bénéfice (1). L'abbé Raffelin en devenait donc titulaire. Ce ne fut pas pour longtemps. Bientôt, ce clerc tonsuré du diocèse de Toul convolait en justes noces, et par son mariage rendait la chapelle de Notre-Dame de Pitié vacante. Elle passa alors aux mains de l'abbé Boury.

Le 6 novembre 1772, Jean Marchal et Claude Marchal, qui habitaient l'un à Ceintrey et l'autre à Pierreville, et Alexis Petitjean, avocat à la cour, exerçant à Craon, informés de la vacance de la chapelle, usèrent des droits de nomination et de présentation qui leur appartenaient comme fils et petit-fils des fondateurs, et en leur qualité de patrons laïques, ils déclarèrent nommer et présenter « la personne de maître Antoine Boury, clerc dudit diocèse (de Toul), arrière petit-fils du dit Jean Marchal, par conséquent parent et descendant des fondateurs de la dite chapelle ». Ils suppliaient « Mgr l'illustrissime et révérendissime évêque, comte de Toul, d'accorder audit maître Antoine Boury toutes les lettres et institutions nécessaires, pour qu'il puisse jouir des fruits et revenus de ladite chapelle ». Leur acte, signé à Ceintrey, en présence de témoins, fut insinué au greffe à Toul, le 9 novembre suivant. Le même jour, l'ordinaire délivra les lettres d'institution, et le 14 du même mois, la cour souveraine et grande chambre de Nancy, au nom du roi de France et de Navarre, duc de Lorraine et Barrois, rendit un arrêt permettant au jeune Boury de prendre possession du temporel de

(1) En 1775, l'abbé Parent obtint la cure de Drouville par résignation de son oncle, Antoine-Léopold Brazy. Celui-ci, bachelier en théologie, était devenu curé de Drouville en 1725 ; il mourut le 24 janvier 1781. Voir E. Duvernoy, *Inscription à Drouville et à Serres*, dans le *Bulletin mensuel de la Société d'archéologie lorraine*, mai 1913, p. 113.

la chapelle, dont il avait reçu l'institution canonique, à la condition qu'il prêterait le serment de fidélité requis. « Et à l'instant, le dit sieur Antoine-Dominique Boury est entré en les chambres du conseil et a prêté le serment ordonné par le présent arrêt » (1).

Le jeune clerc de quinze ans et demi, ainsi muni d'un bénéfice simple, n'était pas encore capable d'en remplir lui-même les obligations ni d'en gérer l'administration. Il était heureusement suppléé en toutes ces charges. Les douze messes que le titulaire devait faire dire annuellement étaient célébrées par le curé de Voinémont, même après l'ordination sacerdotale de l'abbé Boury. Une quittance délivrée, le 1er mai 1791, par le vénérable abbé Collet, curé de cette paroisse et futur martyr, certifie que quinze livres lui ont été versées pour l'acquit de quinze messes tant pour l'année 1790 que pour le premier quartier de 1791 (2). Le jeune titulaire de la chapelle de Notre-Dame de Pitié versait régulièrement sa quote-part, d'abord fixée par le bureau diocésain de Toul, à 9 livres 2 sous 3 deniers, de la contribution annuelle en raison de son bénéfice ecclésiastique, comme l'attestent sept quittances, délivrées à Toul de 1773 à 1778, et deux, délivrées à Nancy, en 1782 et 1783, quand la paroisse de Voinémont eut été rattachée au nouveau diocèse de Nancy. La répartition de 1775 est adressée « à Monsieur Boury au séminaire de Saint-Claude y étudiant ». Le jeune clerc faisait donc alors ses études littéraires. Le 27 juin de cette année, le bureau diocésain de Toul augmentait sa répartition de 2 livres 10 sous 6 deniers pour les années 1775, 1776 et 1777 et lui adressait un extrait de sa délibération « chez son père à Lay derrière Foug » (3). D'autre part, le gagnage était affermé et

(1) Toutes les pièces concernant cette nomination sont conservées à Lay-Saint-Remy, dans la famille de l'abbé Boury et m'ont été communiquées par l'abbé Chénot.

(2) Archives de Meurthe-et-Moselle, L, 2736.

(3) Pièces conservées dans la famille et signalées par l'abbé Chénot, curé de Lay-Saint-Remy.

nous verrons plus tard le père de l'abbé Boury en renouveler le bail.

Ses études littéraires et philosophiques terminées au séminaire-collège Saint-Claude de Toul, l'abbé Boury entra au grand séminaire de la même ville pour y faire sa théologie. Différentes pièces qui, en 1790 et 1791, ont servi à la fixation de son traitement, attestent que la chapelle de Notre-Dame de Pitié avec ses revenus « lui a servi de titre patrimonial pour les saints ordres » (1). Quand il reçut l'ordination sacerdotale à Toul, le 25 mai 1782, l'abbé Boury était répétiteur de rhétorique au séminaire Saint-Claude. Les vacances passées, il fut nommé vicaire commensal à Brabant-le-Roi, alors du diocèse de Toul et aujourd'hui du diocèse de Verdun, chez Henri Gruyer, qui avait pris possession, le 24 juin 1769 (2). Le premier acte, signé aux registres paroissiaux par l'abbé Boury, est du 6 novembre 1782 (3).

Le 3 décembre 1784, Dominique Boury, maître charpentier à Laye, et fondé par procuration de son fils, le vicaire de Brabant-le-Roi, laissait à bail pour neuf années à partir de la Saint-Georges de 1785 le gagnage de la chapelle de Notre-Dame de Pitié, situé le ban de Voinémont et finages voisins, à J. C. Calot et Etienne Calot, le père et le fils, l'un à Voinémont, et l'autre, cousin du vicaire, à Omelmont, moyennant six paires de réseaux, mesure de Nancy (4), la moitié en blé

(1) Archives de Meurthe-et-Moselle, L. 2736.

(2) Né à Loisey, il avait été ordonné prêtre en 1743, et il était docteur en théologie de l'Université de Pont-à-Mousson. Il avait été curé quatre ans à Amanti, puis vingt et un ans à Laimont. Il devint curé de Brabant en 1769 par résignation de son prédécesseur, Charles Millot. Il passait pour un excellent sujet à tous égards. Etant alors plus que sexagénaire, il avait besoin d'un collaborateur pour administrer sa paroisse qui était alors fort importante. Il prêta le serment de fidélité à la Constitution civile du clergé, demeura dans sa paroisse jusqu'en 1794. Le 20 prairial an II, (8 juin 1794), la municipalité de Brabant attestait qu'il n'avait pas remis ses lettres de prêtrise, mais qu'il avait cessé ses fonctions au mois de ventôse précédent (février-mars 1794). Il mourut dans le schisme, sans s'être rétracté.

(3) J.-B. Gillant, *Pouillé du diocèse de Verdun*, Verdun, 1898, t. II, p. 601, 602 ; *Semaine religieuse de Verdun* du 10 février 1912, p. 114.

(4) D'après Benoit Picart, *Pouillé du diocèse de Toul*, les revenus n'étaient primitivement que de cinq paires.

et l'autre moitié en avoine, qu'ils devaient rendre chaque année à Laye au terme de la Saint-Martin. Les fermiers s'engageaient à cultiver les terres, à les fumeler et à les rendre en bon état (1).

Cependant les impositions du bénéfice augmentaient avec les années. La feuille de répartition, dressée par le bureau diocésain de Nancy, le 6 septembre 1786, indique les sommes que l'abbé Boury devait payer chez son fermier, le sieur Calot de Voinémont. Elles comprenaient la cote principale de 8 livres 2 sous, un sou par livre en sus, soit 8 sous 2 deniers, 3 sous 4 deniers représentant le troisième vingtième, soit 1 livre 7 sous 3 deniers, les gages du parlement, 19 sous 1 denier, les frais de bureau, 8 sous 2 deniers, ce qui donnait un total de 11 livres 4 sous 8 deniers (2). Selon la déclaration de la municipalité de Voinémont en date du 30 août 1790, la chapelle de Notre-Dame de Pitié était chargée de 24 livres tant pour les messes que pour le don gratuit (3). Comme les messes étaient rétribuées à une livre chacune, il en résulte que le don gratuit montait alors à 12 livres, en chiffres ronds. Un joli chiffre pour une si petite chapelle. Et après cela, on dira encore peut-être que les biens ecclésiastiques n'étaient pas grevés de charges fiscales sous l'ancien régime.

Bientôt, ces biens allaient devenir nationaux, la nation s'étant engagée à payer aux anciens titulaires une pension proportionnée aux revenus de leurs bénéfices. Mais si la nation s'empressa d'entrer en possession des biens d'Église, mis à sa disposition, elle mit moins d'empressement à régler et à payer la pension promise. L'abbé Boury dut faire bien des démarches pour toucher ce qui lui revenait. Sa rétribution de vicaire commensal de Brabant-le-Roi souffrit moins

(1) Archives de Meurthe-et-Moselle, L, 2736.
(2) Papiers de la famille Boury.
(3) Archives de Meurthe-et-Moselle, L, 2736.

de difficultés que son traitement à raison de la chapelle de Notre-Dame de Pitié de Voinémont. Comme la paroisse était formée de deux communautés ou villages de deux ressorts différents : le ban le Comte, du Barrois mouvant et du bailliage et prévôté de Bar, et le ban le Roi, de la Champagne et du bailliage et présidial de Vitry (1), Pierre Clément, marchand fabricant de bas demeurant à Brabant-le-Roi, se présenta au bureau de la municipalité de Vitry (Marne), le 2 avril 1790, et présenta une déclaration de l'abbé Boury, portant que le vicaire de Brabant-le-Roi ne possède qu'un seul bénéfice, celui de la chapelle de Voinémont, et n'a d'autre pension que sa rétribution de vicaire commensal. Cette déclaration fut inscrite, le même jour, sur les registres de la municipalité de Vitry, et le 18 mars 1791, le secrétaire greffier en délivrait un certificat, qui figure parmi les pièces du dossier envoyé au Directoire du district de Vézelise au sujet du traitement du titulaire de la chapelle de Notre-Dame de Pitié.

De son côté, le Directoire du district de Bar certifiait, le 6 avril 1791, « qu'il n'est pas à sa connaissance que le sieur Boury, vicaire de Brabant, ait été pourvu d'autre bénéfice que celui dont il est fait mention aux certificats ci-dessus et d'autre part qu'il ne s'est présenté au Directoire pour obtenir d'autre traitement que celui qui lui est attribué comme vicaire de Brabant ».

Muni de ces procès-verbaux de la municipalité de Vitry et du district de Bar, l'abbé Boury adressa, de Brabant, le 11 avril 1791, aux administrateurs du district de Vézelise une pétition, en vue d'obtenir la fixation de son traitement comme titulaire de la chapelle de Notre-Dame de Pitié de Voinémont. Il y exposait « que n'ayant perçu aucuns fruits de ladite chapelle depuis la Saint-Martin 1789, le canon de l'année dernière 1790 ayant été payé par le fermier à la

(1) J.-B. Gillant, *Pouillé du diocèse de Verdun*, t. II, p. 600.

caisse dudit district ; que toutes les charges étaient acquittées (comme il conste de la quittance délivrée par l'abbé Collet, le 1er mai 1791) ; que n'ayant point d'autre bénéfice que ladite chapelle ni d'autre revenu ecclésiastique que le traitement de vicaire, comme il conste par les différentes attestations qu'il produit ». Par suite, il était obligé de recourir à ces administrateurs « pour être autorisé à toucher le traitement entier de son bénéfice pour 1790 et les deux premiers trimestres de 1791 par les soins du sieur Dominique Boury, son père, autorisé spécialement à agir pour lui et ayant plein pouvoir de toucher son traitement et de donner en son nom quittance de tout ce qu'il recevra ». L'abbé Boury requérait « en outre qu'il lui soit délivré un certificat de la fixation de son dit traitement et de la somme qui lui aura été payée, afin qu'il puisse le toucher avec celui de vicaire à la caisse du district de Bar-le-Duc dans le ressort duquel il est domicilié ».

Le 3 mai suivant, le Directoire du district de Vézelise, après avoir vu la supplique du vicaire de Brabant, qu'il avait reçue le 28 avril, et les pièces jointes, estima, « ouï le procureur syndic, que les revenus de la chapelle dont il s'agit doivent être fixés au prix commun, d'après le bail produit, à la somme de 131 livres 16 sous 7 deniers ; que les frais de desserte et les impositions peuvent être fixées à 21 livres (on a ajouté, en marge : rien déduire pour les impositions avant la loi du 15 décembre 1790) annuellement, cette somme déduite du revenu, reste au titulaire 110 livres 16 sous 7 deniers, que son traitement doit être fixé sur ce pied ; et n'ayant rien touché pour 1790 ni pour la présente année, il convient l'autoriser à toucher à la caisse du district de Bar, chef-lieu de sa résidence : 1° la somme de 110 livres 16 sous 7 deniers, pour son traitement de 1790 ; 2° moitié de cette somme pour les quartiers de janvier et d'avril de la présente année, ce qui forme une somme grosse de 166 livres 4 sous

10 deniers » (1). Cet avis fut inscrit sur le registre des avis donnés sur les comptes et suppliques des ecclésiastiques (2) et adressé, le même jour, au département de la Meurthe.

Ce ne fut que le 21 juin 1791 que le Directoire départemental procéda à la fixation du traitement de l'abbé Boury comme titulaire de la chapelle de Notre-Dame de Pitié. Dans l'intervalle, le 27 mai précédent, les officiers municipaux de Brabant certifiaient, eux aussi, que le vicaire de la paroisse ne possédait qu'un seul bénéfice, la petite chapelle de famille de Voinémont, et qu'il ne jouissait d'autre bien et revenu que du traitement de vicaire de campagne. Ils se fondaient sur les déclarations antérieures du vicaire, notamment sur celle qu'il avait faite dans les derniers jours du mois de mars 1790 pour se conformer au décret de l'Assemblée nationale, accepté ou sanctionné par le roi. Ce certificat figure au dossier (3). Finalement donc, le département modifia l'avis du district de Vézelise, reconnaissant que la somme indiquée faisait le prix des six paires de reseaux du fermage, évalués au taux du hallage des deux années antérieures à 1790, et qu'elle était inférieure au *minimum* déterminé par les décrets. Il fixa définitivement le traitement de l'abbé Boury, d'après le revenu net, à la somme de 131 livres 16 sous 6 deniers, qui serait payée annuellement par quartier et d'avance à compter du 1er janvier 1790. L'abbé Boury sera donc compris dans le tableau des traitements et pensions du clergé supprimé (4). Le département arrêtait encore que la minute et les pièces justificatives du traitement établi seraient déposées aux archives des domaines nationaux du district de

(1) Archives de Meurthe-et-Moselle, L, 2736.

(2) *Ibid.*, L, 2739, n° 87, fol. 27.

(3) *Ibid*, L, 2736.

(4) Il est, en effet, inscrit au tableau des chapelains dont le traitement est déterminé, dressé à Vézelise le 21 avril 1792, an IV de la liberté, pour la somme susdite. Archives de Meurthe-et-Moselle, L, 2737.

Vézelise (1) et que sa délibération, après avoir été inscrite sur les registres, serait remise au sieur Boury pour lui servir de titre. Enfin, comme il était constant que le fermier des biens de la chapelle avait versé son canon de 1790 à la caisse du district de Vézelise (2), le Directoire décidait qu'il serait délivré à l'ancien titulaire mandement sur cette caisse pour une somme de 197 livres 14 sous 9 deniers qui lui était due pour son traitement de l'année entière 1790 et des deux premiers quartiers échus en 1791 (3). Cette délibération fut inscrite au registre et l'arrêté du département fut remis au père de l'abbé Boury, le 22 juin, avec un mandat pour toucher à la caisse du district de Vézelise, la somme due à son fils (4).

Des questions plus importantes que la fixation des pensions ecclésiastiques furent posées par la législation de l'Assemblée nationale. La plus grave fut celle de la prestation du serment de fidélité à la Constitution civile du clergé. Malheureusement nous sommes peu renseignés sur l'attitude du vicaire de Brabant-le-Roi. Au mois de janvier 1791, le curé prêta ce serment purement et simplement et par suite demeura à la tête de sa paroisse jusqu'en 1793. Son vicaire le prêta, lui aussi, mais avec restriction.

La formule n'en a pas encore été retrouvée aux archives de la Meuse, et nous ignorons les restrictions mises par l'abbé Boury. Quelles qu'elles aient été, elles rendaient son serment nul au regard de la loi ; aussi le vicaire de Brabant fut-il incarcéré à Bar, le 29 avril 1793, pour avoir prêté le

(1) C'est ainsi qu'ayant été conservées elles ont passé aux archives départementales et que nous avons pu les utiliser.

(2) Quittance en fut donnée à J. C. Calot, le 2 mai 1792, par le receveur du district de Vézelise, avec état de 11 livres 10 sous 9 deniers, pour le vingtième et les impositions versées au nom du titulaire. Archives de Meurthe-et-Moselle, L, 2736.

(3) Archives de Meurthe-et-Moselle, L, 2738, registre, 7e feuillet, n° 14.

(4) *Ibid.*, L, 2739, registre, fol. 27, n° 87, en marge.

serment constitutionnel dans ces conditions (1). Néanmoins, il demeura dans la paroisse et y continua son ministère avec le curé qui, lui, était franchement constitutionnel. Il ne fut pas d'abord inquiété, grâce sans doute au bon accord qu'il conserva avec M. Gruyer. Le 2 avril 1792, les officiers municipaux de Brabant délivrèrent au vicaire un certificat, par lequel ils reconnaissaient qu'il était à son poste, qu'il ne l'avait point quitté pendant les six mois précédents, qu'il avait acquitté le troisième et dernier payement de la contribution patriotique et qu'il était dans la disposition de payer aussi sa quote part des contributions, dès que les rôles seraient faits. Le curé de Brabant signa avec eux ce certificat, délivré à son vicaire (2). Ce certificat était probablement nécessaire à l'abbé Boury pour toucher sa pension de vicaire.

Cependant, sa situation de vicaire insermenté d'un curé assermenté était singulière en apparence au double point de vue ecclésiastique et civil. Aux yeux du pouvoir séculier, il bénéficia sans doute pendant quelque temps de la soumission de son curé aux lois civiles, et le serment de l'abbé Gruyer couvrit, pour ainsi dire, le vicaire de Brabant. D'autre part, même devenu schismatique, le curé ne perdait pas sa juridiction sur sa paroisse, tant qu'un acte positif du pape ou de son évêque ne la lui avait pas enlevée, et il pouvait légitimement la conserver à son vicaire, à qui il l'avait communiquée originairement, comme cela avait lieu alors, l'évêque se bornant à donner l'approbation aux vicaires qu'il nommait dans les paroisses. L'abbé Boury n'avait pas révélé cette situation, pas plus que son attitude à l'égard de la Constitution civile du clergé, à ses compagnons de déportation, car celui qui, en 1800, fournissait à l'abbé Guillon les notices qu'il voulait insérer dans son recueil, *Les martyrs de la Foi pendant la Révolution française*, « y mit une telle conscience, que,

(1) J.-B. Gillant, *Pouillé du diocèse de Verdun*, t. II, p. 601.

(2) Papiers conservés à Lay-Saint-Remy dans la famille Boury.

n'ayant pu obtenir une connaissance positive de la manière dont le vicaire de Brabant s'était conduit en 1791 et 1792, il se crut obligé de nous prévenir, dit cet écrivain (1), « qu'on ignoroit s'il était assermenté ou non ». Mais il ne le retranchoit pas du nombre des Martyrs ; et il avoit raison comme on peut s'en convaincre par l'épître 41 de saint Jérôme à Pammachius, et par les principes exposés dans notre Discours préliminaire, p. 41 ». En effet, c'est la persécution et la mort pour la foi qui font les martyrs, et même un schismatique, qui souffre et meurt par haine de la véritable religion, obtient la gloire du martyre, puisque la cause seule fait le martyr. L'abbé Boury heureusement n'avait pas besoin de cette justification ; il n'était pas schismatique.

Le 27 décembre 1792, une lettre du procureur général syndic du département de la Meuse constate que le vicaire de Brabant avait été absent pendant trois semaines environ et menace de le faire inscrire sur la liste des émigrés (2). En 1793, l'abbé Boury refusa de livrer ses lettres de prêtrise (3). Aussi, dit l'abbé Guillon (4), « il devint si odieux aux persécuteurs de 1793 que, ne pouvant plus soutenir sa présence, ils le firent arrêter et jeter dans les prisons ». C'est parce qu'il avait prêté le serment constitutionnel avec restriction que l'abbé Boury, dans des circonstances que nous ignorons, fut arrêté et incarcéré, le 29 avril 1793, non pas à Saint-Mihiel, comme le dit l'abbé Guillon (5), mais dans l'ancien couvent des Annonciades de Bar, qui servait de maison d'arrêt. Une tradition de famille, que m'a communiquée l'abbé Chénot, rapporte que son frère, Jacques-Armand Boury, surnommé le « sans-gêne », compagnon charpentier, était alors à Bar-le-Duc et qu'il proposa au prisonnier un moyen d'évasion : « Tu

(1) *Op. cit.*, Paris, 1821, t. II, p. 288.

(2) Archives de la Meuse, L, V.

(3) J.-B. Gillant, dans la *Semaine religieuse de Verdun*, du 10 février 1912, p. 115.

(4) *Loc. cit.*

(5) Cf. J.-B. Gillant, *Pouillé*, t. II, p. 601.

changeras d'effets, lui disait-il ; je te donnerai une bonne râclée pour dépister les gardiens, et puis, tu me suivras. » Le prisonnier refusa. Cependant, il dut réclamer régulièrement son élargissement, et la commune de Brabant fut appelée à donner son avis sur la mesure demandée. Elle délibéra à ce sujet, le 23 juin 1793 : « L'assemblée des votants était au nombre de cinquante-cinq, et dans le nombre, ceux qui ont voté contre le citoyen Boury, vicaire ci-devant à Brabant, sont au nombre de trente-un pour le tenir en arrestation, et vingt-deux pour le mettre en élargissement et deux qui l'ont regretté. Le Conseil général de la commune dudit Brabant a envoyé sur-le-champ à l'intermédiaire des députés de Bar-sur-Ornin pour remettre au département de la Meuse pour en délibérer (1). » Le prisonnier fut maintenu en détention.

Au moment de son arrestation, il n'avait pu emporter que des habillements et quelques livres. Il se trouvait donc dans une situation malheureuse, n'ayant pas en prison les effets nécessaires à son usage. Il pria le curé de Brabant de vouloir bien les lui procurer. Celui-ci « ne put se refuser à ce que l'humanité lui prescrivait et fit conduire au vicaire, au lieu de sa détention, les effets suivants : un matelas de laine, un traversin, un oreiller, deux couvertures, une taye d'oreiller, une paire de draps neufs, une paillasse, quatre serviettes et une chaise ». Au mois d'octobre, Henri Gruyer explique son envoi, réclame ces effets, dont il obtient la restitution le 1er frimaire an III (21 novembre 1794) (2).

Le 19 germinal an II (8 avril 1794) l'abbé Boury fut condamné à la déportation par le département de la Meuse, comme insermenté, en application de l'arrêté de Mallarmé,

(1) Extrait de la délibération du conseil général de la commune, conservée aux archives de la mairie de Brabant et publiée par M. Gillant, *loc. cit.*

(2) Archives de la Meuse, Q, dossier Boury. Cf. J.-B. Gillant, dans la *Semaine religieuse de Verdun*, du 10 février 1912, p. 115, 116.

représentant du peuple en mission, en date du 6 germinal précédent (26 mars 1794) (1).

Il partit le lendemain de Bar pour Rochefort sur un mauvais chariot, dans le premier convoi des déportés ecclésiastiques de la Meuse, avec huit autres de ses confrères (2). Le 19 floréal suivant (8 mai 1794), il fut inscrit, le premier, sur la septième liste des émigrés et déportés de la Meuse (3). Il était arrivé à Rochefort, le 7 mai, après un long et pénible voyage, et il fut embarqué dans la rade sur le *Washington*. Le 20 prairial an II (8 juin 1794), la municipalité de Brabant eut à délibérer à son sujet. On lui demandait si l'ex-vicaire avait remis ses lettres de prêtrise. Elle répondit que Boury « ci-devant vicaire, exporté du 8 avril dernier, était parti à la maison de sûreté sans avoir remis sa lettre de prêtrise » (4). Bien qu'il fût d'une taille gigantesque et d'une force herculéenne (5), les supplices de l'entrepont dans lequel il était renfermé avec de nombreux compagnons, altérèrent progressivement sa santé, et il mourut le 7 brumaire an III (28 octobre 1794), à l'âge de trente-sept ans. Il fut enterré à l'île Madame (6). Un acte de décès fut expédié à la famille ; il a été perdu accidentellement quelques années avant 1897.

Le 25 floréal an III (14 mai 1795), M. Boury adressa au district de Bar-sur-Ornain une pétition, dans laquelle il expose « que le nommé Antoine Boury, son fils, ci-devant vicaire de Brabant, ayant été déporté et conduit à Bar dans la maison d'arrêt ci-devant les Annonciades, qui y ayant été

(1) Jean Dubois, *Liste des émigrés, des prêtres déportés et des condamnés pour cause révolutionnaire du département de la Meuse*, dans les *Mémoires de la Société des lettres, sciences et arts de Bar-le-Duc*, 4e série, Bar-le-Duc, 1910, t. VIII, p. 39.

(2) Archives de la Meuse, Q, listes des convois. Cf. J.-B. Gillant, dans la *Semaine religieuse de Verdun*, du 10 février 1912, p. 116.

(3) J.-B. Gillant, *op. cit.*, Verdun, 1910, t. IV, p. 37 ; J. Dubois, *loc. cit.*

(4) J.-B. Gillant, dans la *Semaine religieuse de Verdun*, du 10 février 1912, page 116, note 2.

(5) D'après les souvenirs de la famille.

(6) Guillon, *loc. cit.* ; J.-B. Gillant, *op. cit.*, t. II, p. 601.

fort longtemps, et ensuite conduit comme beaucoup d'autres à Rochefort, où il est mort comme il paraît par l'acte de son décès Mais comme ses effets et ses livres sont restés en ladite maison à Bar, l'exposant en réclame la remise, le tout sous le bon plaisir du district et suivant l'esprit de la loi. Comme il y a aussi un fusil à deux coups entre les mains de la municipalité de Brabant, l'exposant en demande pareillement la remise et sera justice rendue » (1). Comme les biens du déporté appartenaient à la nation, en vertu de l'inscription de son nom sur la liste des émigrés, nous ignorons si justice fut rendue à Dominique Boury. En tout cas, le nom de l'abbé Boury fut rayé de cette liste le 5 pluviôse an IV (25 janvier 1796) (2).

La famille Boury, qui a si pieusement conservé jusqu'à présent le souvenir de son glorieux enfant, aura bientôt, nous l'espérons, la joie et l'honneur de le voir sur les autels. Ce jour-là, que nous appelons de tous nos vœux, la paroisse de Lay-Saint-Remy, les diocèses de Nancy et de Verdun et toute la France catholique s'uniront à elle pour honorer et invoquer un vaillant confesseur de la foi.

E. Mangenot.

(1) Papiers de famille, communiqués par l'abbé Chénot.
(2) J. Dubois, *loc. cit.*

Nancy, imp. A. CREPIN-LEBLOND, 21, rue St-Dizier. — 1899

BIBLIOTHEQUE NATIONALE DE FRANCE
3 7502 00841326 0

www.ingramcontent.com/pod-product-compliance
Lightning Source LLC
LaVergne TN
LVHW010313230826
846091LV00007B/3129
9782019953683